LOI

DU GRAND-DUCHÉ DE LUXEMBOURG

SUR LA CHASSE

(19 Mai 1885)

ANNOTÉE

PAR **Fernand DAGUIN**

DOCTEUR EN DROIT, AVOCAT A LA COUR D'APPEL DE PARIS

(Extrait de l'Annuaire de législation étrangère)

PARIS

LIBRAIRIE COTILLON

F. PICHON, Sr, IMPRIMEUR-ÉDITEUR, LIBRAIRE DU CONSEIL D'ÉTAT
ET DE LA SOCIÉTÉ DE LÉGISLATION COMPARÉE
24, rue Soufflot, 24

1887

LOI

DU GRAND-DUCHÉ DE LUXEMBOURG

SUR LA CHASSE

LOI

DU GRAND-DUCHÉ DE LUXEMBOURG

SUR LA CHASSE

(19 Mai 1885)

ANNOTÉE

PAR Fernand DAGUIN

DOCTEUR EN DROIT, AVOCAT A LA COUR D'APPEL DE PARIS

(Extrait de l'Annuaire de législation étrangère)

PARIS

LIBRAIRIE COTILLON

F. PICHON, Sʳ, IMPRIMEUR-ÉDITEUR, LIBRAIRE DU CONSEIL D'ÉTAT

ET DE LA SOCIÉTÉ DE LÉGISLATION COMPARÉE

24, rue Soufflot, 24

1887

LOI

DU GRAND-DUCHÉ DE LUXEMBOURG

SUR LA CHASSE [1]

Le droit de chasse a subi, dans le Grand-Duché de Luxembourg, à peu près les mêmes vicissitudes qu'en France. A l'époque féodale, l'exercice de la chasse était réservé aux seigneurs, sauf certains privilèges reconnus au profit des habitants de quelques villes, et fondés soit sur des titres exprès, soit sur d'anciens usages. Ces privilèges, du reste, furent constatés par des actes nombreux de reconnaissance. C'est ainsi que le Record de Remich, en l'an 1462, déclare que les bourgeois de cette ville ont le droit de prendre toute espèce de gibier, à l'exception du grand gibier (2). Au siècle suivant, on trouve dans la coutume d'Arlon (publiée en 1532) une disposition portant que les habitants de cette localité peuvent aller chasser et rentrer chez eux, depuis le lever jusqu'au coucher du soleil (3). On pourrait multiplier ces citations.

Toutefois, à mesure que l'autorité royale se développa et grandit, les droits qui, primitivement, étaient l'apanage du seigneur, passèrent peu à peu aux mains du souverain lui-même; le droit de chasse devint ainsi un attribut de la souveraineté, et il fut admis que nul ne pourrait l'exercer qu'en vertu d'une permission ou d'une concession du roi.

Ce principe fut consacré par le célèbre placard du 31 août 1613 (4), par lequel les archiducs Albert et Isabelle réglèrent l'exercice de la chasse

---

(1) Cette loi, sanctionnée le 19 mai 1885, a été publiée dans le *Mémorial* du 23 mai 1885 (n° 32, page 509).

(2) V. FAIDER, *Histoire du droit de chasse et de la législation sur la chasse en Belgique, en France,* etc. (Bruxelles, E. Muquardt, 1877), page 41.

(3) *Ibid.*, p. 57.

(4) VERHAEGEN, dans ses *Recherches historiques sur le droit de chasse*, indique page 94) le 16 août comme date de promulgation de cet édit.

dans les provinces belgiques. Ce placard, qui fut transmis, en son temps, au Conseil de Luxembourg, et qui établit une certaine uniformité dans la législation, autorisa les seigneurs ayant droit de chasse à chasser librement dans leurs seigneuries, en saison permise (art. 36), mais réserva le droit du souverain de chasser sur ces mêmes terres ou d'y faire chasser suivant son bon plaisir (art. 37).

Le placard de 1613 servit de base à tous les édits subséquents, qui d'ailleurs furent nombreux. Le règlement du 23 décembre 1716, spécial aux pays et duché de Luxembourg et au comté de Chiny, ne fit guère que reproduire les défenses faites antérieurement et confirmer les droits reconnus, de toute ancienneté, dans le pays (1). Un nouveau règlement fut édicté le 10 juin 1732; il faisait défense à toute personne, de quelque condition ou qualité qu'elle fût, de chasser de quelque manière que ce fût, sauf au gouverneur, là où les gouverneurs sont en droit de chasser, aux prévôts et aux seigneurs hauts, moyens et bas justiciers, dans les localités ou seigneuries, où, d'ancienneté, ils ont le droit de chasse (2).

Plusieurs autres placards, édits ou règlements sur le même sujet furent publiés dans le courant du xviiie siècle. Ils furent abrogés après l'occupation du Luxembourg par les troupes françaises et son annexion à la France (3) ; un arrêté du 17 brumaire an IV (4) y introduisit le décret des 4-11 août 1789 relatif à la suppression du droit exclusif de chasse, et la loi des 22-30 avril 1790 sur la police de la chasse. Cette dernière loi fut complétée, plus tard, par les décrets du 11 juillet 1810 et du 4 mai 1812, qui subordonnèrent l'exercice de la chasse à l'obtention d'un permis de port d'armes de chasse délivré par l'autorité administrative.

A la suite de l'incorporation du Luxembourg dans le royaume des Pays-Bas, un nouveau régime fut inauguré. L'ordonnance du 18 août 1814 (5) prescrivit de réunir les terres par commune, et d'en louer la chasse au profit de la caisse municipale; seuls, les propriétaires de domaines ayant une contenance de cinquante hectares au moins d'un seul tenant continuèrent à pouvoir chasser sur leurs terres concurremment avec les locataires de la chasse. Les propriétaires se trouvèrent ainsi expropriés sans aucune compensation ni indemnité.

Toutefois, ces prescriptions d'origine germanique ne demeurèrent en vigueur que pendant un petit nombre d'années; elles furent abrogées par une loi du 21 février 1822, en vertu de laquelle la législation française fut rétablie; cette législation se maintint jusqu'en 1845.

A cette époque, on se préoccupa de sortir du provisoire qui durait depuis cinquante ans, en adoptant une loi définitive; cette loi fut promul-

---

(1) V. FAIDER, *op. cit.*, p. 137.

(2) V. KEUCKER, *Code de la chasse du Grand-Duché de Luxembourg* (Luxembourg, Buck, 1854), page 5.

(3) Cette annexion fut consacrée par le décret de la Convention nationale du 9 vendémiaire an IV (1er octobre 1795).

(4) KEUCKER, *op. cit.*, p. 1.

(5) KEUCKER, *op. cit.*, p. 9.

guée le 7 juillet 1845; elle était calquée sur la loi française du 3 mai 1844, dont elle reproduisait les principales dispositions. Elle édictait, cependant, quelques mesures qui lui étaient propres, telles que la délivrance de permis de chasse de cinq jours en faveur des étrangers non résidants, l'interdiction de la vente, du colportage et du transport du gibier, non seulement après la clôture de la chasse, mais encore dans le temps où l'exercice en est suspendu pour une cause passagère, comme la neige ; l'interdiction de délivrer des permis de chasse aux gardes particuliers, à moins qu'il n'eussent le droit de chasser sur un domaine d'une certaine étendue.

Mais la loi de 1845 fut bientôt jugée insuffisante pour assurer la protection du gibier et prévenir le dépeuplement des bois et des campagnes. Un certain nombre de grands propriétaires et de juristes, les yeux tournés vers l'Allemagne, souhaitaient le retour au système de l'ordonnance de 1814; l'amodiation forcée leur paraissait présenter le double avantage d'empêcher la destruction radicale des espèces utiles à l'alimentation, et de créer une source de revenus pour les communes. La question qui, du reste, avait déjà été soulevée en 1844, fut agitée de nouveau en 1850. Un projet de loi, conforme aux vœux que nous venons d'indiquer, fut même élaboré par le Gouvernement, mais il fut abandonné, grâce à l'opposition manifestée par la Commission de législation (1).

En 1871, le Gouvernement mit, encore une fois, à l'ordre du jour la revision de la loi de 1845, et le Conseil d'État rédigea, à cette occasion, un contre-projet qui prescrivait la location des terres au profit des communes, tout en réservant aux propriétaires la faculté de retirer leurs fonds de la communauté, moyennant le versement dans la caisse municipale d'une redevance calculée d'après l'étendue des terrains réservés. Ce projet de loi fut mal accueilli par la Chambre des députés, qui formula, à son tour, un contre-projet ; une autre proposition de loi fut également présentée par un membre de la Chambre ; mais ces divers projets furent retirés après de longues discussions ou restèrent sans suites. En 1874, une nouvelle tentative fut faite ; elle était due à l'initiative parlementaire. Un député, M. Brasseur, proposa d'autoriser la création volontaire de syndicats de chasse (2). La proposition fut votée deux fois, en dernier lieu le 8 décembre 1874, mais la sanction royale lui fut refusée.

Le Gouvernement ne se laissa pas décourager par ces échecs successifs : il présenta, en 1876, un nouveau projet, dans lequel il se bornait à édicter des mesures de police. La Chambre, à qui il fut transmis, y introduisit le principe de l'amodiation forcée et le vota avec cet amendement, à la séance du 23 février 1877 (3); mais les protestations des populations agricoles l'empêchèrent d'être sanctionné.

(1) Cette commission avait à peu près les attributions que possède aujourd'hui le Conseil d'État.

(2) V. Discours de M. Kirpach, à la séance du 10 mars 1885 (*Compte rendu des séances de la Chambre des députés*, session ordinaire 1884-1885, page 609).

(3) V. Rapport au Prince-Lieutenant (*Compte rendu des séances de la Chambre*, etc.; session ordinaire 1878-1879; annexes, p. 110).

Enfin, un dernier projet fut déposé par le Gouvernement sur le bureau de la Chambre, le 6 novembre 1878. Comme en 1876, on laissait systématiquement de côté tout ce qui concernait le droit lui-même, et l'on se contentait de rendre l'exercice de la chasse plus difficile et de protéger, à la fois, le gibier et les récoltes, au moyen de dispositions plus rigoureuses (1). Avant d'être mis en discussion, le projet du Gouvernement fut soumis à l'examen de M. Keucker, vice-président de la Cour supérieure de justice et juriste ayant une compétence toute spéciale en cette matière ; celui-ci rédigea un mémoire qui fut publié dans la collection des documents parlementaires (2).

Le projet fut ensuite étudié par la section centrale de la Chambre des députés, qui, après de nombreuses hésitations, finit par en changer complètement le caractère et la portée, en décidant qu'il y avait lieu d'y insérer une disposition portant que les propriétés privées non boisées seraient réunies aux propriétés communales pour être louées en commun, lorsque les trois quarts des propriétaires en auraient émis le vœu. Le rapport fut déposé à la séance du 3 février 1885 (3).

La discussion s'ouvrit le 10 mars de la même année, et se poursuivit, les 11, 13, 17 et 18. La discussion générale porta presque exclusivement sur le point de savoir s'il fallait adopter le principe de l'amodiation forcée. La négative fut soutenue avec beaucoup d'énergie par plusieurs orateurs, notamment par M. l'abbé Breisdorff, qui prétendit, non sans apparence de raison, que la proposition était inconstitutionnelle et attentatoire au droit de propriété; il ajoutait qu'elle était inutile, attendu qu'en fait, il était démontré que les propriétaires ne se refusaient jamais à abandonner leur droit de chasse au profit de la commune, lorsqu'ils n'étaient pas en position de l'exercer personnellement (4).

La discussion des articles fut marquée par l'admission de quelques amendements au texte primitif. Le principe de l'amodiation forcée, déposé dans le paragraphe 2 de l'article 39, donna lieu, de nouveau, à un débat passionné, qui se termina par son rejet, à la majorité de 21 voix contre 16 (5). La lutte avait été ardente, mais la saine doctrine juridique avait fini par triompher.

Le Conseil d'État, appelé à donner son avis avant le vote sur l'ensemble du projet, souscrivit à la plupart des modifications introduites en première lecture; toutefois, il se prononça pour le rejet de l'article 37, relatif aux indemnités dues pour dégâts causés par les animaux nuisibles (6),

---

(1) V. *Compte rendu*, etc.; session ordinaire 1878-1879, annexes, p. 112.
(2) V. *Ibid.*, p. 316.
(3) Le texte du rapport a été publié dans le *Compte rendu des séances*, etc. session 1884-1885, annexes, p. 238.
(4) V. *Compte rendu*, etc.; session 1884-1885, p. 612.
(5) *Ibid.*, p. 759.
(6) Cet article portait que ces indemnités ne seraient dues par les propriétaires ou fermiers de la chasse, qu'autant que ceux-ci auraient *favorisé* la propagation des animaux nuisibles. Ainsi que le faisait remarquer avec raison le Conseil d'État, cette disposition était moins favorable aux cultivateurs que le

et pour le rétablissement du paragraphe 2 de l'article 39, avec cette réserve qu'aucune distinction ne serait faite entre les propriétés boisées et les propriétés non boisées.

Lors de la seconde délibération, l'article 37 fut modifié de façon à donner satisfaction au Conseil d'État, mais le principe de l'amodiation forcée fut définitivement écarté. L'ensemble du projet fut adopté, le 5 mai 1885, par trente et une voix contre quatre et une abstention, la dispense du second vote constitutionnel accordée, et le projet sanctionné par le Roi Grand-Duc, quelques jours après.

La nouvelle loi diffère peu, dans ses grandes lignes, de la loi du 7 juillet 1845. Cependant, parmi les innovations qu'elle consacre, on peut en signaler quelques-unes qui présentent une certaine importance. En premier lieu, il convient de remarquer que les permis de chasse ont, désormais, un point de départ uniforme, qui est le 1er août de l'année de leur délivrance. L'obtention du permis est subordonnée, pour les personnes qui ne sont pas inscrites ou dont les parents ne sont pas inscrits à la contribution foncière ou mobilière, à la justification d'un droit de chasse sur un domaine d'une étendue déterminée. Il est créé un permis spécial pour les *tenderies*, c'est-à-dire pour la chasse des petits oiseaux au moyen de pièges, lacets ou filets. Enfin, il est établi une distinction entre les contraventions et les délits de chasse, au point de vue du cumul et de l'aggravation des peines.

Titre Ier — *De l'Exercice du droit de chasse.*

Art. 1er. — Nul ne pourra se livrer à l'exercice de la chasse, sauf les exceptions ci-après, si la chasse n'est pas ouverte et s'il ne lui a pas été délivré un permis de chasse (1).

Art. 2. — Les permis de chasse seront délivrés sur l'avis du bourgmestre, du commissaire de district et du procureur d'État, par le membre du Gouvernement chargé du service afférent.

Les permis sont personnels (2); ils sont valables pour tout le

droit commun. (V. *Compte rendu*, etc.; session ordinaire 1884-1885; annexes, p. 268.)

(1) Cet article est la reproduction presque textuelle du paragraphe 1er de l'article 1er de la loi du 7 juillet 1845. — Cf. art. 1er de la loi française du 3 mai 1844. — Voir au sujet de l'ouverture de la chasse, l'article 11, ci-après.

(2) Le permis ne peut servir qu'à la personne à laquelle il a été délivré. Cependant le titulaire peut, incontestablement, se faire assister d'auxiliaires, qui, eux, n'ont pas besoin de permis pour opérer. Ainsi, il est loisible au chasseur aux petits oiseaux d'employer des gens, salariés ou non, pour l'aider à disposer ses tendues. Ainsi encore, lorsqu'on chasse au rabat, il suffit que les tireurs soient munis de permis; les gens qui poussent le gibier dans leur direction (traqueurs ou rabatteurs) ne sont pas astreints à cette obligation. — V. Giraudeau, Lelièvre et Soudée, *la Chasse* (Paris; Larose et Forcel, 1882), nos 511 à 525.

Grand-Duché et pour une année, qui commence au 1er août et finit au 31 juillet (1).

Ils ne seront délivrés qu'aux personnes qui justifieront — ou bien qu'elles ont le droit de chasser, soit sur une étendue de deux cents hectares au moins, situés dans la même commune ou dans des sections adjacentes de communes voisines, soit sur un terrain d'un seul tenant de vingt-cinq hectares au moins, — ou bien qu'elles sont personnellement inscrites, ou que leurs père ou mère sont inscrits *(sic)* pour une cote de 20 francs au moins, soit aux rôles de la contribution foncière, soit à ceux de la contribution mobilière, soit aux deux contributions réunies.

Ces faits doivent être justifiés par écrit et certifiés par le collège des bourgmestre et échevins de la commune de la situation des biens (2).

(1) Cette disposition est empruntée à la loi belge du 28 février 1882, art. 14 (V. *Annuaire de législation étrangère*, t. XII, p. 747), et à la loi d'Alsace-Lorraine, du 7 mai 1883, art. 9 (V. *Annuaire*, t. XIII, p. 315). Elle a pour objet de faciliter la surveillance et d'empêcher que des personnes, souvent de bonne foi, continuent à chasser, alors que leur permis est périmé.

Auparavant, les permis étaient valables pour un an, à compter de la date de leur délivrance. On s'est demandé, lors de la discussion de l'article, quelle serait la situation des chasseurs, titulaires de permis expirant seulement après le 1er août 1885; la question n'a pas été résolue, mais un arrêté ministériel du 30 juillet 1885 a décidé qu'il leur serait tenu compte d'une bonification proportionnelle à la durée de leur permis au delà de la date réglementaire (*Mémorial* du 29 juillet 1885, n° 47, p. 660).

(2) Deux circulaires, l'une du 13 août 1885 (*Mémorial* du 14 août 1885, n° 51, p. 683), l'autre du 30 juin 1886 (*Mémorial* du 6 juillet 1886, n° 36, p. 433), ont déterminé les formalités à remplir pour obtenir la délivrance d'un permis de chasse. La personne qui veut obtenir le permis d'un an visé par l'article 2 doit joindre à sa demande:

A) Si elle se trouve dans le cas prévu par la première alternative du § 3:

1° Un acte régulier sur timbre et enregistré, concédant à l'impétrant, au moins pour la durée de l'année pour laquelle le permis est demandé, le droit de chasse sur l'étendue de terrain exigée par la loi;

2° Un extrait de la matrice cadastrale indiquant la contenance des terrains cédés avec le nom des cédants, à l'exclusion des propriétés bâties et de leurs dépendances et des terrains clos; cet extrait est certifié par le collège des bourgmestre et échevins;

3° Un avis délivré gratis et sur papier libre, par le bourgmestre de la commune de l'impétrant, portant qu'il y a lieu de délivrer ou de refuser le permis;

4° La quittance du receveur de l'enregistrement du canton, constatant le versement du droit de 50 francs, et, éventuellement, l'acquittement ou le non-acquittement des amendes et frais dus en vertu d'une condamnation pour infraction à la loi sur la chasse;

5° Un extrait du casier judiciaire avec un avis du procureur d'État de l'arrondissement;

6° L'avis du commissaire de district.

B) S'il s'agit de personnes qui paient ou dont les parents paient les contributions prévues:

1° Le ou les bulletins des contributions;

Art. 3. — Il pourra être accordé, sur la demande d'un propriétaire ou locataire de chasse, se trouvant dans les conditions indi-
quées au paragraphe 3 de l'article 2, des permis de chasse valables
pour cinq jours seulement, à des Luxembourgeois résidant à
l'étranger et à des étrangers non résidant dans le Grand-Duché (1).

Ces permis ne peuvent être accordés plus de deux fois, dans la
même année de chasse, à la même personne.

Ils seront délivrés par les commissaires de district.

Le permis de cinq jours devra être demandé par écrit; le signa-
taire de la demande est responsable des amendes, frais et répara-
tions civiles auxquels le porteur du permis pourra être condamné
en vertu des dispositions de la présente loi.

Art. 4. — Il pourra être délivré des permis d'un an valables
seulement pour l'établissement de tenderies (2).

Ces permis seront délivrés par les commissaires de district.

La possession d'un permis de chasse d'un an dispense de l'obligation de se munir d'un permis spécial de tenderies.

Art. 5. — Les permis de chasse valables pour un an seront
passibles d'un droit de 50 francs (3). Les avis requis sont dispensés
des droits de timbre et d'enregistrement.

Les permis de tenderies donneront ouverture à un droit de
3 francs.

Pour les permis de chasse de cinq jours, il sera perçu un droit
de 5 francs (4).

2° L'avis du bourgmestre;
3° La quittance du receveur;
4° L'extrait du casier judiciaire et l'avis du procureur d'État;
5° L'avis du commissaire de district.

(1) Rien ne s'oppose à ce que les étrangers résidant à l'étranger et les Luxembourgeois non résidant dans le Grand-Duché, se fassent délivrer, s'ils le désirent,
des permis de chasse valables pendant une année. L'article 3 leur accorde simplement un privilège qui consiste dans la faculté d'obtenir des permis de cinq
jours, à prix réduit (V. art. 5, *infrà*).

En France, le droit pour l'étranger d'obtenir un permis n'est pas contestable.
— V. GIRAUDEAU, LELIÈVRE ET SOUDÉE, *op. cit.*, n° 41.

(2) Les permis de tenderies sont une innovation de la loi. Leur délivrance est
soumise à l'acquittement d'un droit de trois francs (V. art. 5). Il est difficile de
comprendre pour quel motif le législateur luxembourgeois a cru devoir encourager ainsi la destruction des petits oiseaux, dont l'utilité, au point de vue de
l'agriculture, est cependant si bien démontrée.

(3) Le prix du permis de chasse est, aujourd'hui, de 28 francs, en France. En
Belgique, il est de 35 francs, non compris la taxe provinciale (V. *Annuaire de lé-
gislat. étrang.*, t. XII, p. 750, note 1).

(4) Aux termes de l'article 1er de la loi du 7 juillet 1845, le permis de
cinq jours était délivré gratuitement aux étrangers. Une loi du 21 février 1855
avait frappé ces permis d'un droit de 5 francs (V. *Pasinomie luxembourgeoise*,
années 1855 à 1858, p. 16).

Art. 6. — Le permis de chasse sera refusé :

1° A tout individu qui, par une condamnation judiciaire, a été privé de l'un ou de plusieurs des droits énumérés dans l'article 31 du Code pénal (1);

2° A tout condamné à un emprisonnement de plus de six mois, pour rébellion ou violence envers les agents de l'autorité publique;

3° A tout condamné pour délit de menaces écrites ou de menaces verbales avec ordre ou condition, de dévastation d'arbres ou de récoltes sur pied, de plants venus naturellement ou faits de mains d'hommes;

4° A ceux qui auront été condamnés pour vagabondage, mendicité, vol, escroquerie, abus de confiance ou banqueroute;

5° A ceux qui auront été condamnés, du chef de crimes correctionnalisés, à un emprisonnement de trois mois au moins;

6° A ceux qui auront été condamnés pour délit de chasse commis avec une des circonstances aggravantes prévues à l'article 20 de la présente loi.

La défense d'accorder le permis de chasse aux condamnés dont il est question aux numéros 1 à 5 ci-dessus, cessera dix ans après l'expiration de la peine, et dans le cas du numéro 6, cinq ans après que la condamnation aura été purgée (2).

Art. 7. — Le permis de chasse ne sera pas délivré :

1° Aux mineurs qui n'auront pas dix-sept ans accomplis (3);

2° Aux mineurs de dix-sept ans à vingt et un ans, à moins que le permis ne soit demandé par eux avec l'assistance de leurs pères

---

(1) Les droits énumérés dans l'article 31 du Code pénal sont les suivants :
Droit :

1° De remplir des fonctions, emplois ou offices publics;

2° De voter, d'élire, ou d'être élu;

3° De porter des décorations, ou des titres de noblesse;

4° D'être expert, témoin instrumentaire; de déposer en justice autrement que pour y donner de simples renseignements;

5° De faire partie d'un conseil de famille; d'être tuteur, subrogé-tuteur ou curateur; de remplir les fonctions de conseil judiciaire ou d'administrateur provisoire;

6° De porter des armes ou de servir dans la force armée;

7° De tenir école ou d'enseigner, ou d'être employé dans un établissement d'enseignement à titre de professeur, maître ou surveillant.

(2) Les cas d'indignité prévus par l'article 6 sont nouveaux. Antérieurement, dans la plupart de ces cas, le Conseil de gouvernement pouvait bien, sur le rapport du Gouverneur, décider que le permis serait refusé, mais ce refus n'était pas obligatoire. — V. Loi du 7 juillet 1845, art. 6.

(3) La nouvelle loi recule d'une année l'âge auquel il devient possible d'obtenir un permis. On a jugé qu'il ne fallait pas encourager les jeunes gens à se livrer trop tôt aux plaisirs de la chasse. — V. Rapport de la section centrale (*Compte rendu*, etc.; session 1884-1885; annexes, p. 241.)

ou tuteurs, et, dans ce cas, le père ou le tuteur devra justifier que le mineur remplit l'une ou l'autre des deux conditions prévues au paragraphe 3 de l'article 2;

3° Aux interdits et à tout individu notoirement connu pour n'être pas sain d'esprit (1);

4° Aux gardes champêtres ou forestiers, ni aux gardes-pêche de l'État, des communes ou des établissements publics.

5° Aux gardes champêtres ou forestiers des particuliers, à moins qu'ils aient le droit de chasser sur une étendue de terrains de deux cents hectares au moins, situés dans la même commune ou dans des sections adjacentes de communes voisines, soit sur un terrain d'un seul tenant de vingt-cinq hectares au moins (2).

Art. 8. — De même le permis de chasse ne sera pas accordé :

1° A ceux qui, par suite de condamnation, sont privés du droit de port d'armes (3);

2° A ceux qui n'auront pas exécuté les condamnations prononcées contre eux pour l'un des délits prévus par la présente loi (4);

3° A tout condamné pour crime à un emprisonnement de trois mois

(1) En ce qui concerne les individus en état de démence, on n'a fait que reproduire les dispositions de la loi de 1845.

La loi française, à cet égard, présente une lacune regrettable, car elle ne permet pas de refuser le permis à une personne notoirement atteinte d'aliénation mentale ; dans le cas où un aliéné non-interdit solliciterait un permis, le préfet qui ne voudrait pas lui en délivrer un, n'aurait d'autre ressource que de provoquer sa détention, conformément à la loi du 30 juin 1838, dans le cas où la sûreté publique serait compromise (V. GIRAUDEAU, LELIÈVRE ET SOUDÉE, *op. cit.*, n° 585).

(2) Ce numéro reproduit les termes de l'article 7 n° 5 de la loi de 1845.

L'interdiction pour les gardes particuliers d'obtenir un permis a été prononcée dans le but de leur enlever toute occasion de se mettre en contravention avec la loi. La chasse est un plaisir pour lequel on se passionne aisément ; on a craint que le garde, muni d'un permis, ne se laissât emporter par son goût pour cet exercice et ne fût entraîné à commettre des infractions à la loi dont il est chargé d'assurer l'exécution (V. KEUCKER, *op., cit.*, p. 179). On peut, toutefois, reprocher au législateur d'avoir manqué de logique, lorsqu'il a autorisé la délivrance du permis aux gardes qui ont à leur disposition un terrain de chasse d'une certaine étendue.

La prohibition pour les gardes particuliers d'obtenir un permis de chasse ne se trouve pas dans la loi française.

(3) L'incapacité d'obtenir un permis a une durée égale à celle de la privation du droit de port d'armes. — V. PETIT, *Traité complet du droit de chasse* (2° édition), t. I, n° 318.

(4) Lorsque le condamné a bénéficié d'une amnistie, la prohibition de l'article 8 est évidemment inapplicable. Nous pensons qu'il doit en être de même lorsque la peine a été prescrite ; en effet, dans ce cas, le condamné, le voulût-il, ne saurait être admis à exécuter la condamnation ; il serait, dès lors, bien rigoureux de le frapper d'incapacité à raison de l'inexécution d'une condition qu'il lui est impossible de remplir. — En ce sens: GIRAUDEAU, LELIÈVRE ET SOUDÉE, *op. cit.*, n° 597.

au moins (1) ou placé sous la surveillance spéciale de la police (2).

Art. 9. — Le permis pour tenderies sera refusé aux personnes se trouvant dans l'un des cas de l'article 6 ou du numéro 3 de l'article 8 de la présente loi.

Il ne sera pas délivré :

1° Aux mineurs qui n'auront pas dix ans accomplis ;

2° Aux gardes champêtres, ni aux gardes-pêche de l'État, des communes ou des établissements publics (3) ;

3° A ceux qui n'auront pas exécuté les condamnations prononcées contre eux pour l'un des délits prévus par la présente loi (4).

Art. 10. — Le propriétaire ou possesseur peut chasser ou faire chasser en tout temps, sans permis de chasse, dans ses possessions attenant à une habitation et entourées d'une clôture continue faisant obstacle à toute communication avec les héritages voisins (5).

Art. 11. — Des arrêtés ministériels, publiés au moins cinq jours à l'avance, détermineront l'époque de l'ouverture et celle de la clôture de la chasse, soit dans les bois, soit en plaine, dans chaque district administratif ou partie de district administratif (6).

---

(1) La durée de l'incapacité est perpétuelle, sauf le cas de réhabilitation.

(2) Du jour où le condamné cesse d'être sous la surveillance de la police, il recouvre la capacité d'obtenir un permis (V. Keucker, *op. cit.*, p. 189; Petit, *op. cit.*, t. 1, n° 321).

(3) Le projet primitif visait également les gardes-forestiers, mais la Section centrale a refusé de les comprendre dans la prohibition; elle a pensé que ces employés pouvaient parfaitement établir des tendues dans les bois confiés à leur garde, sans être tentés pour cela de négliger leur service. — V. Rapport de la section centrale (*Compte rendu des séances*, etc.; session 1884-1885, annexes, p. 241.)

(4) Cf. note 4, page 13.

(5) Cet article reproduit l'article 2 de la loi de 1846.

Que doit-on entendre par le mot: clôture? La solution de cette question est abandonnée à l'appréciation des tribunaux (V. Keucker, *op. cit.*, p. 102 et suiv.; — Giraudeau, Lelièvre et Soudée, *op. cit.*, n° 308). La clôture doit faire obstacle à toute communication avec les héritages voisins; mais il suffit qu'elle empêche les hommes de pénétrer dans l'enclos : il n'est pas nécessaire qu'elle fasse obstacle au libre passage du gibier. En effet, le privilège de l'article 10 est uniquement fondé sur le respect dû au domicile des citoyens. L'intention du législateur, à cet égard, n'est pas douteuse ; elle ressort clairement de ce fait que M. Keucker ayant proposé (V. *Compte rendu*, etc., session 1878-1879, annexes, p. 329) d'insérer dans l'article une disposition portant que la clôture devrait faire obstacle à tout passage du gibier, cette proposition n'a point été admise. La loi belge du 28 février 1882 exige formellement, pour que l'on puisse chasser, en tout temps et sans permis, dans l'enclos attenant à une habitation, que la clôture s'oppose au passage du gibier (V. art. 6; *Annuaire de législation étrangère*, t. XII, p. 744).

Nous pensons que le propriétaire ou possesseur peut chasser dans ses possessions closes attenant à une maison habitée, même à l'aide de procédés non autorisés, pourvu qu'il n'emploie pas d'engins dont la simple détention soit prohibée (Cf. art. 16-4°).

(6) Le gouvernement n'est pas autorisé à fixer des dates d'ouverture différentes selon la nature des cultures. (V. Giraudeau, Lelièvre et Soudée, *op. cit.*, n° 358.)

Ces époques pourront, en outre, varier suivant les divers modes de chasse et les différentes espèces de gibier.

Toutefois, l'ouverture de la chasse au chien courant n'aura pas lieu avant le 15 septembre.

La chasse en plaine, sauf celle au gibier d'eau et de marais qui s'exercera le long des cours d'eau, dans les marais et sur les étangs, devra être fermée au plus tard le 15 décembre de chaque année.

Art. 12. — Il est interdit de mettre en vente, de vendre, d'acheter, de colporter ou de transporter du gibier pendant le temps où la chasse n'en est pas permise (1). La mise en vente, la vente et le colportage sont également interdits le jour de l'ouverture de la chasse (2), tandis que la mise en vente, la vente, l'achat, le colportage et le transport du gibier sont permis pendant les trois jours qui suivent la clôture de la chasse (3).

Il est également interdit aux marchands de comestibles, traiteurs et aubergistes de détenir, même hors de leur domicile, ce gibier, comme à toute personne de le recéler ou détenir pour le compte des marchands ou trafiquants.

L'interdiction dont s'agit s'applique également et en tout temps au gibier pris au moyen d'engins prohibés (4).

(1) Aux termes de la loi française du 3 mai 1844, il est interdit, dans chaque département, de vendre, d'acheter, de colporter ou de transporter du gibier pendant le temps où la chasse *n'y est* pas permise. L'interdiction ne s'applique pas au cas où la chasse est momentanément interdite à cause de la neige (V. GIRAUDEAU, LELIÈVRE ET SOUDÉE, *op. cit.*, n° 399.) La rédaction, un peu différente, de la loi luxembourgeoise, qui interdit la vente et le transport du gibier pendant le temps où la chasse *n'en* est pas permise, autorise à penser que l'interdiction doit s'appliquer au temps de neige. Du moins, c'est en ce sens que le paragraphe 1er de l'article 4 de la loi de 1845 avait été interprété (V. KEUCKEN, *op. cit.*, p. 142), et c'est ainsi encore qu'il convient d'interpréter l'article 12 de la loi nouvelle, qui n'en est que la reproduction.

(2) Cette disposition est due à l'initiative de la Section centrale, qui a voulu couper court au scandale produit par la mise en vente du gibier dès les premières heures du jour de l'ouverture, alors qu'il est évident que ce gibier n'a pu être tué qu'en temps prohibé (V. *Compte-rendu*, etc.; session 1884-1885, annexes, p. 241).

(3) Cette disposition est une innovation très heureuse, qui est réclamée, en France, par la grande majorité des chasseurs.

On trouve des dispositions analogues dans la loi belge (art 10; *Annuaire de législation étrangère*, t. XII, p. 746), dans la loi d'Alsace-Lorraine (art. 4; *Annuaire*, t. XIII, p. 313), dans la loi hongroise (art. 10; *Annuaire*, t. XIII, p. 385).

(4) La loi de 1845, imitant en cela la loi française, ne visait pas le gibier pris au moyen d'engins prohibés (V. KEUCKEN, *op. cit.*, p. 142; — GIRAUDEAU, LELIÈVRE ET SOUDÉE, *op. cit.*, n° 439). L'interdiction prononcée par le paragraphe 2 de l'article 12 de la loi nouvelle aura certainement pour effet de décourager le braconnage en lui fermant une partie de ses débouchés.

Toutefois, la recherche à domicile ne pourra être faite que chez les aubergistes, les marchands de comestibles et dans les lieux ouverts au public.

Le gibier sera immédiatement saisi, confisqué et mis à la disposition de l'administration communale du lieu où la contravention aura été constatée, pour être remis aux hospices ou au bureau de bienfaisance de la commune (1).

Est excepté de la défense du présent article le gibier, vivant ou mort, introduit de l'étranger, en peau ou en plumes, si l'origine en est constatée, et le gibier saisi pour être remis aux hospices ou au bureau de bienfaisance ou vendu au profit de ces établissements, le tout conformément aux dispositions réglementaires à prendre par le Gouvernement.

Art. 13. — Dans le temps où la chasse est ouverte, le permis de chasse donne à celui qui l'a obtenu, le droit de chasser de jour (2), à tir et à courre, sur les terres dont il a la chasse et sur toutes autres, avec le consentement des propriétaires ou locataires exerçant le droit de chasse.

Tous autres moyens de chasse sont formellement prohibés (3).

---

(1) Le procès-verbal de saisie et de confiscation du gibier, dressé par les agents désignés en l'article 29, est remis, avec l'objet de la saisie, au bourg-mestre, qui doit apposer au bas de cette pièce l'arrêté prescrivant la remise à l'établissement de bienfaisance ou la vente à son profit. S'il n'existe ni hospice, ni bureau de bienfaisance dans la commune, nous pensons, avec M. Keucker (*op. cit.*, p. 148), que le gibier pourrait être distribué aux familles les plus nécessiteuses.

(2) La question de savoir ce qu'il faut entendre par chasse de jour et chasse de nuit a été agitée au sein de la Section centrale. Il résulte de la discussion que l'on a entendu laisser à cet égard plein pouvoir d'appréciation aux tribunaux, qui statueront en fait (V. *Compte rendu*, etc. ; session 1884-1885, annexes, p. 242). L'opinion d'après laquelle la question doit être résolue en fait, suivant les circonstances, réunit, en France, la majorité des auteurs (V. GIRAUDEAU, LELIÈVRE ET SOUDÉE, *op. cit.*, n° 624 ; PETIT, *Traité complet du droit de chasse*, 2° édit., n° 226 ; LEBLOND, *Code de la chasse*, n° 119. — V. aussi KEUCKER, *op. cit.*, p. 195 et suiv.). En Alsace-Lorraine, le jour est censé finir une heure après le coucher du soleil, et commencer une heure avant son lever (loi du 7 mai 1883, art. 7 ; V. *Annuaire de législation étrangère*, t. XIII, p. 315). En Belgique, la chasse est interdite après le coucher et avant le lever du soleil (loi du 28 février 1882, art. 2 ; *Annuaire*, t. XII, p. 742).

(3) La chasse au lévrier étant une sorte de chasse à courre, on peut se demander si, en l'absence de toute disposition prohibitive, elle doit être considérée comme licite. M. Keucker ne le pense pas (V. *Compte rendu des séances*, etc., session 1878-1879, annexes, p. 338).

La question tout au moins est douteuse, et il est regrettable que le législateur n'ait pas pris le soin de la trancher. — Cf. note 1, p. 20.

En France, ce mode de chasse est interdit ; on ne saurait en douter si l'on considère l'article 9 § 4-2° de la loi sur la chasse et si l'on se reporte aux travaux préparatoires.

Est notamment interdite la chasse aux filet, lacets, bricoles et trappes.

Néanmoins, le membre du Gouvernement, chargé du service afférent, prendra des arrêtés pour déterminer :

1° L'époque de la chasse des oiseaux de passage et les modes et procédés de cette chasse (1);

2° Le temps pendant lequel il sera permis de chasser le gibier d'eau et de marais, dans les marais, sur les étangs et les rivières;

3° Les espèces d'animaux malfaisants que le propriétaire, possesseur ou fermier pourra détruire, en tout temps, sur ses terres, et les conditions de l'exercice de ce droit (2);

4° Les espèces d'animaux que le propriétaire, possesseur ou fermier pourra repousser ou détruire, même avec des armes à feu, sur son terrain, lorsque ces animaux causent du dommage à sa propriété ou lorsque le danger du dommage est imminent (3).

Le même membre du Gouvernement pourra prendre également des arrêtés :

1° Pour prévenir la destruction des oiseaux et des nids d'oiseaux;

2° Pour interdire momentanément la chasse en temps de neige (4)

---

(1) Le Gouvernement peut autoriser l'emploi d'engins ordinairement prohibés, notamment celui des filets, lacets, bricoles et trappes, pour la chasse des oiseaux de passage (V. KEUCKER, *op. cit.*, p. 211; GIRAUDEAU, LELIÈVRE ET SOUDÉE, *op. cit.*, n° 645).

(2) V. note 5, page 21.

(3) Le texte du projet primitif portait : « 3° les espèces d'animaux malfai-« sants, etc., sans préjudice du droit appartenant au propriétaire ou au fermier « de repousser, même avec des armes à feu, les *bêtes fauves* qui porteraient « dommages à sa propriété. » On a cru devoir supprimer l'expression : bêtes -fauves, comme trop limitative (V. *Compte rendu*, etc., session 1884-1885, p. 651).

(4) L'arrêté ministériel du 20 août 1885, fixant l'ouverture de la chasse (*Mémorial* du 20 août 1885, n° 52, p. 695), interdit la chasse lorsque la neige permet de suivre le gibier à la piste, même sur une partie seulement du sol de la commune; mais il permet, provisoirement et sauf réserve pour le Gouvernement de prononcer ultérieurement une interdiction absolue, d'exercer dans les bois la chasse de toute espèce de gibier, et le long des cours d'eau, dans les marais et sur les étangs, celle du gibier d'eau et de marais, malgré le temps de neige.

TITRE II. — *Des Peines* (1).

Art. 14 (2). — Seront condamnés à une amende d'un franc à vingt francs :

1° Ceux qui auront contrevenu aux arrêtés du Gouvernement, concernant le mode de capture des oiseaux, la destruction ou le transport des oiseaux ou des nids, œufs et couvées d'oiseaux ;

2° Ceux qui auront pris ou détruit volontairement (3) des nids, œufs ou couvées de bécasses, de faisans, de gélinottes, de perdrix ou de cailles ; ceux qui auront transporté, mis en vente ou vendu les susdits œufs ou couvées, de même que ceux qui, dans le temps où la chasse est close, auront laissé divaguer des chiens dans les bois, vignes, prés, champs ou pâturages (4).

---

(1) La nouvelle loi luxembourgeoise sur la chasse prend soin de distinguer les infractions qu'elle punit en contraventions et en délits (V. *infrà*, art. 23, 24 et 25). Il semble, dès lors, qu'il convient, au point de vue de l'appréciation de la culpabilité, d'appliquer les principes généraux et de décider que, toutes les fois qu'il s'agira d'un fait qualifié délit, les tribunaux auront à examiner s'il y a eu intention délictueuse de la part de son auteur.

Nous rappellerons, toutefois, que l'excuse tirée de la bonne foi n'est pas admise, en matière de délits de chasse, par les tribunaux français ; il est vrai que les travaux préparatoires de la loi de 1844 ne laissent aucun doute, à cet égard, sur l'intention du législateur (V. GIRAUDEAU, LELIÈVRE ET SOUDÉE, *op. cit.*, n° 743 ; Cf. KEUCKER, *op. cit.*, p. 246 et suiv.).

Nous devons ajouter qu'une opinion conforme à la jurisprudence française a été émise devant la Chambre du Grand-Duché de Luxembourg, sans soulever de protestations (Voir les observations présentées par M. de Muyser, à la séance du 11 mars 1886 ; *Compte rendu des séances*, etc., session 1884-1885, p. 665).

(2) Les infractions à cet article sont les seules qui puissent être rangées parmi les contraventions, aux termes de l'article 38 du Code pénal (V. *Pasinomie luxembourgeoise*, années 1878-1879, p. 23).

(3) En matière de contraventions de police, l'intention n'entre jamais en ligne de compte et le fait matériel seul suffit pour constituer l'infraction punissable. On a donc lieu d'être surpris que la Chambre ait maintenu ici le mot : *volontairement*, contrairement à l'avis du Parquet général (V. *Compte rendu des séances*, etc. ; session 1878-1879 annexes, p. 101) et de M. Keucker (V. *Ibid.*, p. 336).

(4) Il n'est pas permis au propriétaire de la chasse (non plus qu'à ses ayants-droit ou à ses gardes) de détruire les chiens trouvés errant sur les terrains lui appartenant ; le propriétaire ne peut que déposer une plainte entre les mains du ministère public ; s'il tuait ou blessait un chien errant, dans ces conditions, il s'exposerait aux peines prévues par l'article 563, n° 4, du Code pénal (V. *Pasinomie luxembourgeoise*, 1878-1879, p. 291). — Cf. KEUCKER *op. cit.*, p. 278.

La loi hongroise autorise formellement le titulaire de la chasse à détruire les chats domestiques et les chiens errants trouvés sur le domaine de chasse (art. 14 ; V. *Annuaire de législation étrangère*, t. XIII, p. 386).

Art. 15. — Seront condamnés à une amende de vingt-six à soixante francs :

1° Les gardes-forestiers ou gardes champêtres de l'État ou des communes, trouvés dans les bois ou les campagnes, munis de leur fusil et accompagnés de chiens de chasse, ou porteurs d'armes à feu autres que celles prescrites pour leur service, ou porteurs de leurs armes de service chargées à plomb (1).

Cette disposition est également applicable aux gardes particuliers qui n'ont pas obtenu de permis de chasse ni la permission de chasser ;

2° Ceux qui auront tendu des lacets aux oiseaux de passage ou aux petits oiseaux, d'après les modes permis par le Gouvernement, mais sans le consentement du propriétaire du terrain, lorsque la chasse n'est pas louée, ou du locataire de la chasse, sur le terrain dont la chasse est mise en location ;

3° Ceux qui, sans permis de chasse ou de tenderies, auront établi une tenderie.

Art. 16. — Seront condamnés à une amende de vingt-six à cent francs :

1° Ceux qui auront chassé sans permis ou qui auront établi une tenderie en temps prohibé (2) ;

2° Ceux qui auront chassé sans le consentement de l'ayant-droit à la chasse (3), alors que la chasse est ouverte et le terrain dépouillé de ses fruits (4) ;

3° Ceux qui auront contrevenu aux arrêtés du Gouvernement concernant les oiseaux de passage, le gibier d'eau, la chasse à la

---

(1) Toute latitude est laissée au Gouvernement pour désigner les armes dont les gardes forestiers ou gardes champêtres de l'État ou des communes pourront être munis.

(2) Le projet du Gouvernement frappait de la peine de l'article 16 le fait d'avoir établi une tenderie sans permis de tenderie ; mais, sur la proposition de la Section centrale, la Chambre a rangé cette infraction parmi celles qui sont prévues et punies par l'article 15 ; on a pensé, non sans raison, que l'acte délictueux présentait moins de gravité, lorsqu'il s'agissait d'une simple chasse aux petits oiseaux.

(3) Le fermier d'un bien rural doit-il être considéré, en cas de silence du bail, comme ayant-droit à la chasse ? La question est vivement controversée, en France (V. GIRAUDEAU, LELIÈVRE ET SOUDÉE, op. cit. n°s 45 à 50) ; cependant la jurisprudence paraît fixée en ce sens que le fermier n'a point le droit de chasse, à moins que le bail ne le lui concède expressément. Il semble que cette solution soit conforme aux vues du législateur luxembourgeois ; en effet, l'article 17-5° exige, pour qu'on puisse chasser sans délit sur un terrain non encore dépouillé de ses fruits, le consentement du propriétaire, et, éventuellement, celui du locataire de la chasse ; mais il ne fait aucune allusion aux droits du fermier.
— En ce sens : KEUCKER, op. cit., p. 291.

(4) Cf. article 16-5°.

neige, les battues, l'emploi des lévriers et des chiens courants (1) ;

4° Ceux qui seront détenteurs ou seront trouvés munis ou porteurs de filets, engins ou autres instruments de chasse prohibés (2);

5° Les ayants-droit à la chasse qui auront chassé sans le consentement du propriétaire sur un terrain non encore dépouillé de ses fruits ou dans les pépinières (3) ;

6° Ceux qui auront chassé sur un chemin public, à moins qu'ils n'aient le droit de chasser sur le terrain adjacent, sans préjudice aux (*sic*) défenses spéciales concernant les voies ferrées (4).

Art. 17. — Seront condamnés à une amende de cinquante francs à deux cents francs :

1° Ceux qui auront fait de fausses déclarations pour obtenir un permis de chasse;

2° Ceux qui auront chassé en temps prohibé (5) ;

3° Ceux qui auront chassé pendant la nuit (6) ou à l'aide d'engins ou d'instruments prohibés ;

4° Ceux qui auront chassé, sans le consentement de l'ayant-droit à la chasse, sur le terrain d'autrui, entouré d'une clôture continue faisant obstacle à toute communication avec les héritages voisins, mais non attenant à une habitation ;

---

(1) Il s'agit ici, sans aucun doute, des arrêtés par lesquels le Gouvernement aurait autorisé, conformément à l'article 13 § 4-3°, la destruction, en temps prohibé, de certains animaux à l'aide de lévriers ou de chiens courants.

M. Keucker avait demandé la suppression du passage relatif aux lévriers (V. *Compte rendu des séances*, etc.; session 1878-1879, annexes, p. 338); il soutenait que la chasse à l'aide de chiens de cette espèce était absolument interdite, et que le Gouvernement n'était pas autorisé à en permettre l'emploi, même pour la destruction des animaux malfaisants. La Chambre n'a point partagé cet avis, et elle a reconnu au Gouvernement le droit de permettre l'emploi des lévriers. — Cf. note 3, p. 16.

(2) Il convient de distinguer entre les engins prohibés et les procédés de chasse interdits; l'article 16 ne vise que la détention ou le port d'engins prohibés. — Cf. Giraudeau, Lelièvre et Soudée, *op. cit.*, n° 852.

(3) Cette disposition ne préjudicie nullement au droit qu'a le fermier de réclamer une indemnité par voie d'action civile, en cas de dommages causés à ses récoltes.

(4) Cette mesure fort sage a été introduite dans la loi sur la proposition de la Section centrale (V. *Compte-rendu des séances*, etc.; session 1884-1885, annexes, p. 244). Elle est empruntée à la loi belge du 28 février 1882, article 3 (V. *Annuaire de législation étrangère*, t. XII, p. 742).

En ce qui concerne les chemins de fer, l'interdiction de chasser sur la voie et sur ses dépendances résulte de l'article 39 § 1er du règlement du 18 août 1859, qui défend de s'introduire dans l'enceinte des chemins de fer, d'y circuler ou d'y stationner.

(5) Les personnes qui établissent des tenderies en temps prohibé sont punies seulement d'une amende de 26 à 100 francs. — V. *supra*, art. 16-1°.

(6) V. note 2, p. 16.

5° Ceux (1) qui auront chassé sur un terrain non encore dépouillé de ses fruits, sans le consentement du propriétaire et en outre de celui du locataire *(sic)* (2), si la chasse est louée (3);

6° Ceux qui auront transporté, mis en vente, colporté, vendu, détenu pour les marchands, ou acheté du gibier, pendant le temps où le transport, la mise en vente, le colportage, la vente et l'achat en sont prohibés; de même que ceux qui auront transporté, mis en vente, colporté, vendu, détenu pour les marchands, ou acheté pour revendre du gibier pris au moyen d'engins ou d'instruments dont l'usage est interdit (4);

7° Ceux qui auront employé des drogues ou appâts qui sont de nature à enivrer le gibier ou à le détruire. Cette disposition ne s'applique pas aux animaux malfaisants (5).

La peine de l'emprisonnement de trois jours à un mois pourra en outre être prononcée dans les cas prévus au présent article.

Les peines seront toujours portées au maximum, lorsque les délits prévus au présent article auront été commis par les gardes-champêtres ou gardes-forestiers des communes, d'établissements publics ou de particuliers (6), les gendarmes et les employés de douane.

Art. 18. — Les pommes de terre ne sont pas considérées comme récolte au regard des numéros 5 des articles 16 et 17 de la présente loi (7).

---

(1) Les ayants-droit à la chasse exceptés (V. en ce qui les concerne, l'article 16-5°).

(2) Il faut ajouter : de la chasse.

(3) Cf. note 3, page 20.

(4) Le n° 6 de l'article 17 sert de sanction à l'article 12.

(5) Il est donc permis d'empoisonner les animaux nuisibles (les loups et les renards, par exemple), même en l'absence d'arrêté autorisant ce mode de destruction; toutefois, l'emploi d'appâts empoisonnés devrait être considéré comme délictueux, si l'arrêté pris conformément à l'article 13 § 4-3° avait interdit le recours à ce procédé.

(6) La loi française, moins rigoureuse, n'oblige pas les tribunaux à appliquer le maximum de la peine, lorsque le délinquant est un garde particulier. — V. GIRAUDEAU, LELIÈVRE ET SOUDÉE, *op. cit.*, n° 892.

(7) Le fait de chasser dans une plantation de pommes de terre, sans le consentement du propriétaire, n'entraîne donc aucune pénalité pour l'ayant-droit à la chasse. Quant au chasseur n'ayant pas le droit de chasse, il n'encourt que la peine portée par l'article 16-2°. La Chambre a considéré qu'à l'époque de l'ouverture de la chasse, les pommes de terre sont assez près de leur maturité pour que le passage du chasseur et de son chien ne puisse plus guère leur causer de dommage (V. *Compte rendu des séances*, etc.; session 1884-1885, annexes, p. 245).

Aux termes de la loi de 1845 (art. 14, § 1er-5°), les champs de pommes de terre n'étaient assimilés aux terrains dépouillés de leur récolte qu'au regard des ayants-droit à la chasse; pour tous autres chasseurs, ils étaient réputés terres non dépouillées. La loi nouvelle supprime cette distinction que rien ne justifiait et qui avait soulevé des critiques méritées (V. KRUCKER, *op. cit.*, p. 324).

Pourra être considéré comme délit de chasse, le fait du passage des chiens courants sur l'héritage d'autrui, lorsque ces chiens seront à la suite d'un gibier, lancé sur la propriété où leurs maîtres ont le droit de chasser, sauf l'action civile, s'il y a lieu, en cas de dommages (1).

Art. 19. — Celui qui aura chassé sur le terrain d'autrui sans son consentement, si ce terrain est attenant à une maison habitée ou servant à l'habitation et s'il est entouré d'une clôture continue faisant obstacle à toute communication avec les héritages voisins, sera puni d'une amende de cinquante francs à trois cents francs et pourra l'être d'un emprisonnement de six jours à trois mois (2).

Si le délit a été commis la nuit (3), l'amende pourra être portée à mille francs et l'emprisonnement à une année, le tout sans préjudice, s'il y a lieu, de plus fortes peines prononcées par le Code pénal (4).

Art. 20. — Les peines ci-dessus pourront être portées au double, si le délinquant était en état de récidive (5), s'il était déguisé ou masqué, s'il a usé ou tenté d'user d'un permis de chasse ou de tenderies qui ne lui était pas personnel, s'il a usé de violences envers les personnes, ou s'il a fait des menaces (6) sans préjudice, s'il y a lieu, de plus fortes peines prononcées par la loi.

---

(1) La rédaction de ce paragraphe est vicieuse, car on pourrait en inférer, à prendre le texte au pied de la lettre, que le passage de chiens courants sur l'héritage d'autrui ne doit jamais être considéré comme un délit de chasse, lorsque le gibier a été lancé sur d'autres propriétés que celles du maître des chiens. Telle n'a pas été, bien entendu, la pensée du législateur. La Chambre a voulu poser en principe que le passage des chiens courants ne constituerait pas, en thèse générale, un délit. C'est exceptionnellement seulement que ce fait revêtira un caractère délictueux, par exemple, lorsque le chasseur, pouvant arrêter sa meute, aura négligé de le faire.

La loi française de 1844 part d'un principe tout différent. Dans son article 11, elle porte que le passage des chiens *pourra ne pas être considéré* comme un délit.

La différence entre les deux lois se traduira, dans la pratique, par un renversement de la preuve. En France, c'est au maître des chiens à prouver qu'il s'est trouvé dans l'impossibilité d'empêcher le passage ; dans le Grand-Duché de Luxembourg, c'est au propriétaire du terrain foulé à prouver que le chasseur n'a pas fait tout ce qui était en son pouvoir pour rompre ses chiens.

(2) Cf. note 5, p. 14.

(3) V. note 2, p. 16.

(4) La loi réserve l'application des autres peines qui pourraient être encourues, en vertu des dispositions du Code pénal, pour bris de clôture, rébellion, menaces, outrages, coups et blessures, etc.

(5) V. art. 21, *infrà*.

(6) C'est une faculté laissée aux tribunaux, qui pourront toujours, en s'inspirant des circonstances de la cause, réduire la peine au minimum fixé par les articles précédents.

Art. 21. — Il y a récidive, lorsque dans les douze mois qui ont précédé l'infraction, le délinquant a été condamné, en vertu de la présente loi (1).

Art. 22. — Tout jugement de condamnation prononcera la confiscation des filets, engins et autres instruments de chasse (2); il ordonnera en outre la destruction des engins prohibés (3).

Il prononcera également la confiscation des armes, excepté quand le délit aura été commis par un individu muni d'un permis de chasse, dans le temps où la chasse est autorisée (4).

Si les armes, filets, engins ou autres instruments de chasse n'ont pas été saisis ou remis immédiatement entre les mains de l'agent verbalisant, le délinquant sera condamné à en payer la valeur, suivant la fixation qui en sera faite par le jugement, sans qu'elle puisse être inférieure à cent francs pour une arme à feu.

Les armes, filets ou engins abandonnés seront déposés au greffe. La confiscation et, s'il y a lieu, la destruction en seront ordonnées, sur le vu du procès-verbal, par la chambre du Conseil.

La quotité des dommages et intérêts est laissée à l'appréciation des tribunaux ; toutefois pour le fait de chasse, ils ne pourront être au-dessous de trente francs (5).

Art. 23. — Tout individu convaincu de plusieurs contraventions encourra la peine de chacune d'elles (6).

(1) Nous pensons, avec la majorité des auteurs, que le délai de douze mois court seulement du jour où le premier jugement a acquis l'autorité de la chose jugée, c'est-à-dire où il n'est plus susceptible d'opposition, d'appel ou de pourvoi en cassation (V. KEUCKER, *op. cit.*, p. 361; GIRAUDEAU, LELIÈVRE ET SOUDÉE, *op. cit.*, nos 922, 923 et 924).

(2) Qu'ils soient prohibés ou non.

Les engins et instruments, autres que les armes, peuvent être saisis sur les délinquants; le droit pour les agents préposés à la surveillance de la chasse de pratiquer cette saisie, n'est pas douteux; il peut s'induire directement des termes du paragraphe 3 de l'article 22, qui prévoit le cas où les engins n'ont pas été saisis, et, *a contrario*, des dispositions de l'article 32, qui interdit seulement d'enlever les armes aux délinquants. (V. KEUCKER *op. cit.*, p. 393; GIRAUDEAU, LELIÈVRE ET SOUDÉE, *op. cit.* n° 927).

(3) Le gibier ne peut être saisi ou confisqué sous aucun prétexte, en dehors des cas prévus par l'article 12 (V. GIRAUDEAU, LELIÈVRE ET SOUDÉE, *op. cit.* n° 929; KEUCKER, *op. cit.*, p. 391).

(4) La chasse n'étant autorisée que de jour (art. 13), il faut en conclure que la confiscation de l'arme doit être prononcée contre tout chasseur poursuivi pour avoir chassé de nuit (V. PETIT, *Traité complet du droit de chasse* (2e édit.), t. I, n° 658; KEUCKER, *op. cit.*, p. 376).

Il en est de même en cas de chasse en temps de neige, lorsqu'un arrêté a été pris conformément à l'article 13 § 5-2° (V. KEUCKER, *op. cit.* p. 376; GIRAUDEAU, LELIÈVRE ET SOUDÉE, *op. cit.*, n° 947).

(5) Cette indemnité de 30 francs devra être allouée à l'ayant-droit à la chasse, alors même qu'il n'existerait pas de dommages matériels.

(6) Cet article ne fait qu'appliquer aux contraventions de chasse le principe

Art. 24. — En cas de concours d'un délit avec une ou plusieurs contraventions, l'emprisonnement correctionnel pourra être prononcé et toutes les amendes seront cumulées pour former une seule peine dont la somme ne dépassera pas le double du maximum le plus élevé (1).

Si plusieurs délits concourent avec une ou plusieurs contraventions, les amendes seront cumulées comme ci-dessus, et l'emprisonnement correctionnel pourra être porté jusqu'au double du maximum de la peine la plus forte (2).

Art. 25. — En cas de concours de plusieurs délits, la plus forte peine sera seule prononcée. Cette peine pourra même être élevée au double du maximum (3).

Art. 26. — En cas de condamnation pour délits prévus par la présente loi, les tribunaux pourront priver le délinquant du droit d'obtenir un permis de chasse ou de tenderies, pour un temps qui n'excédera pas cinq ans (4).

Art. 27. — Les tribunaux ne pourront reconnaître l'existence de circonstances atténuantes pour réduire les minimum des peines comminées par la présente loi (5).

TITRE III. — *De la poursuite des délits.*

Art. 28. — Les délits prévus par la présente loi seront prouvés, soit par procès-verbaux ou rapports, soit par témoins (6).

Art. 29. — Les procès-verbaux des bourgmestres, échevins, commissaires de police, officiers de gendarmerie, gendarmes, gardes champêtres ou gardes assermentés des particuliers feront foi jusqu'à preuve contraire.

général posé par l'article 58 du Code pénal luxembourgeois en matière de contraventions (V. *Pasinomie luxembourgeoise*, 1878-79, p. 237).

(1) Cf. Code pénal luxembourgeois, art. 59.

(2) Cf. *Ibid.*

(3) Cf. Code pénal luxembourgeois, art. 60. — L'article 25, comme l'article précédent du reste, ne prévoit pas seulement l'hypothèse de plusieurs infractions à la loi sur la chasse; il vise également le cas où l'inculpé serait convaincu d'un ou plusieurs délits de chasse et, en même temps, d'un ou plusieurs délits prévus par d'autres lois pénales (V. KEUCKER, *op. cit.*, p. 402).

(4) Cf. loi française du 3 mai 1844, art. 18.

(5) Cf. *Ibid*, art. 20. — La loi belge admet les circonstances atténuantes en matière de délits de chasse (V. art. 19; *Annuaire de législation étrangère*, t .XII, p. 749).

(6) Les mots : procès-verbaux et rapports, ne sont pas synonymes, comme paraît le croire M. Keucker (*op. cit.*, p. 417). Le procès-verbal est l'acte par lequel l'agent chargé de la surveillance de la chasse constate un fait qui s'est

Art. 30. — Il n'est point dérogé, pour la constatation des délits et la foi due aux procès-verbaux rédigés par les agents et préposés de l'administration des eaux et forêts, aux dispositions des lois existantes, sauf qu'en aucun cas ces procès-verbaux ne devront être appuyés d'un second témoignage (1).

Art. 31. — Dans les vingt-quatre heures du délit (2), les procès-verbaux des gardes (3) seront, à peine de nullité, affirmés devant le juge de paix ou l'un de ses suppléants, ou devant le bourgmestre ou celui qui le remplace, soit de la commune de leur résidence, soit de celle où le délit aura été commis.

Art. 32. — Les délinquants ne pourront être saisis ni désarmés ; néanmoins, s'ils sont déguisés ou masqués, s'ils refusent de faire connaître leurs noms, ou s'ils n'ont pas de domicile connu, ils seront conduits immédiatement devant le bourgmestre ou le juge de paix, lequel s'assurera de leur individualité (4).

Art. 33. — Tous les délits prévus par la présente loi seront poursuivis d'office par le ministère public, sans préjudice du droit conféré aux parties lésées par l'article 182 du Code d'instruction criminelle (5).

produit sous ses yeux ; le rapport est l'écrit rédigé par un fonctionnaire ayant compétence à cet effet, sur une déclaration qui lui est faite par l'agent qui a constaté l'infraction (V. GIRAUDEAU, LELIÈVRE ET SOUDÉE, *op. cit.*, n° 991).

(1) A la différence des procès-verbaux dressés par les fonctionnaires énumérés en l'article 29, ceux des agents et préposés forestiers feront foi jusqu'à inscription de faux. L'article 30 déroge ainsi au principe de droit commun en vertu duquel les officiers publics, agents et préposés ne doivent être crus que jusqu'à preuve contraire. On peut se demander, avec M. Keucker (V. *Observations* ; *Compte rendu des séances*, etc., session 1878-1879; annexes, p. 315), s'il est bien rationnel d'accorder une foi moindre aux procès-verbaux des bourgmestres, commissaires de police, officiers de gendarmerie, qu'à ceux des gardes forestiers, qui occupent, cependant, vis-à-vis des premiers, une situation inférieure.

Ce privilège en faveur des procès-verbaux dressés par les agents forestiers n'est admis ni par la loi française (V. art. 22), ni par la loi belge (V. art. 24; *Annuaire de législation étrangère*, t. XII, p. 750).

(2) Sur la proposition de la Section centrale, le délai avait été porté à quarante-huit heures (V. *Compte rendu des séances*, etc.; session 1884-1885, p. 677) ; mais en seconde lecture, la durée de vingt-quatre heures a été rétablie sans observations (*Ibid.* p. 816).

(3) La loi ne distingue pas entre les gardes champêtres, les gardes forestiers et les gardes particuliers.

(4) Au besoin, l'agent pourra contraindre par la force les délinquants déguisés, masqués, ou qui refusent de faire connaître leur nom, à le suivre devant le bourgmestre ou le juge de paix; s'ils résistent *en menaçant* de faire usage de leurs armes, il pourra incontestablement les désarmer. (V. GIRAUDEAU, LELIÈVRE ET SOUDÉE, *op. cit.*, n° 1055.)

(5) Ce paragraphe reproduit textuellement le paragraphe 1er de l'article 29 de la loi de 1845. Comme en matière d'autres délits, le ministère public est libre de poursuivre ou de ne pas poursuivre; aucune obligation ne lui est imposée. Toutefois, il semble résulter des observations qui ont été échangées, à la séance

Néanmoins, dans les cas prévus par le numéro 2 de l'article 15, les numéros 2 et 5 de l'article 16 et le numéro 5 de l'article 17, la poursuite sera abandonnée, sur la demande de la partie lésée, avant le jugement, et à charge par le prévenu de rembourser les frais.

Art. 34. — Ceux qui auront commis conjointement des délits de chasse seront condamnés solidairement aux amendes, dommages-intérêts et frais (1).

Art. 35. — Le père, la mère, le tuteur, les maîtres et commettants seront civilement responsables des délits de chasse ou contraventions commis par leurs enfants mineurs non mariés, pupilles demeurant avec eux, serviteurs et autres subordonnés, sauf tout recours de droit (2).

Cette responsabilité sera réglée conformément à l'article 1384 du Code civil (3) et ne s'appliquera qu'aux dommages-intérêts et frais.

Art. 36. — Toute action relative aux délits prévus par la présente loi sera prescrite par le laps de trois mois, à compter du jour du délit (4).

TITRE IV. — Dispositions diverses.

Art. 37. — Des indemnités du chef des dommages causés par des animaux sauvages (5) peuvent être réclamés des propriétaires ou

du 13 mars 1885, entre M. Brasseur et M. Kirpach, Directeur général de l'Intérieur, que le parquet de Luxembourg montre, depuis quelques années, une indulgence exagérée à l'égard des délits de chasse sur le terrain d'autrui sans le consentement de l'ayant-droit; le ministère public refuse la plupart du temps de poursuivre, à moins que la partie lésée ne se porte partie civile. Il y a là un abus auquel il est vraisemblable qu'on portera remède (V. Compte rendu des séances, etc., session 1884-1885, p. 678 et 679).

(1) Nous pensons qu'on doit appliquer, ici, les règles ordinaires de la complicité; la condamnation solidaire ne peut être prononcée que contre les chasseurs qui ont coopéré à l'acte incriminé (V. GIRAUDEAU, LELIÈVRE ET SOUDÉE, op. cit., n°s 1153 et suiv.).

(2) La responsabilité ne saurait être étendue aux personnes non comprises dans l'énumération de l'article 35; ainsi, le mari n'est pas responsable des délits de chasse commis par sa femme (V. GIRAUDEAU, LELIÈVRE ET SOUDÉE, op. cit., n° 1150).

(3) Code civil français.

(4) L'article 36 ne parle que des délits de chasse; il s'ensuit que la prescription applicable aux contraventions de chasse est celle qui a été fixée, d'une manière générale, par le Code d'instruction criminelle, en matière de contraventions. Les infractions à l'article 14 pourront donc être poursuivies pendant une année, tandis que les infractions plus graves seront prescrites au bout de trois mois. Ce résultat bizarre eût été évité si la Chambre des députés avait tenu compte des observations très sensées de M. Keucker (V. Compte rendu des séances, etc.; session 1878-1879, annexes, p. 348 et 349).

(5) Le texte primitif portait: animaux nuisibles; l'épithète: sauvages, a été adoptée, en seconde lecture, sur les observations du Conseil d'État.

des fermiers de la chasse, qui auraient facilité la propagation de ces animaux ou qui n'auraient pas pris des mesures sérieuses pour leur destruction (1).

Art. 38. — Le gouvernement est autorisé à prendre des règlements pour arrêter toutes les mesures nécessaires pour la destruction des animaux malfaisants sur toutes les propriétés non closes, dans les termes de l'article 10 de la présente loi.

Ces mesures doivent être prises dans la forme d'un règlement d'administration générale (2).

Seront punis d'une amende de vingt-six à cinquante francs ceux qui auront contrevenu auxdits règlements.

Art. 39. — Les communes et les établissements publics sont tenus d'affermer la chasse sur leurs propriétés rurales ou forestières non entourées d'une clôture continue faisant obstacle à toute communication avec les héritages voisins ou attenants à des habitations appartenant auxdites communes et établissements publics (3).

(1) L'article 37 du projet ne contenait pas cette seconde alternative; aussi, le Conseil d'État avait-il proposé purement et simplement de rayer l'article tout entier, attendu que le droit commun était plus favorable aux propriétaires de récoltes (Code civil, art. 1383). Cette remarque a déterminé la Chambre à ajouter le dernier membre de phrase.

La loi française sur la chasse ne s'occupe pas de la responsabilité qui peut être encourue à raison des dommages causés par le gibier; on applique, à cet égard, les principes contenus dans les articles 1382 et 1383 du Code civil (V. GIRAUDEAU, LELIÈVRE ET SOUDÉE, *op. cit.*, n° 1383 et suiv.)

La loi prussienne du 7 mars 1850 (art. 25) proclame l'irresponsabilité du propriétaire de la chasse, en ce qui concerne les dégâts causés par le gibier (V. *Sämmtliche Jagdgesetze für die Königlich-Preussischen Staaten* (2° *Auflage*; Berlin, 1874), p. 93).

La loi hongroise déclare que les dégâts causés par les animaux carnassiers ou nuisibles ne donnent lieu à aucune réparation, mais elle rend le propriétaire ou le locataire de la chasse responsable des dommages causés par les cerfs et daims qui vivent sur le domaine de chasse (art. 7 et 8; V. *Annuaire de législation étrangère*, t. XIII, p. 384 et 385).

(2) M. Toussaint et quatre de ses collègues avaient proposé d'attribuer aux conseils échevinaux le droit de prendre des arrêtés pour réglementer la destruction des animaux malfaisants, dans leurs communes respectives. Mais M. Kirpach, Directeur général de l'Intérieur, ayant fait observer que l'exercice de ce droit pourrait entraîner des vexations pour les propriétaires de chasse et que, d'ailleurs, il était contraire à la Constitution de remettre aux mains d'un conseil communal des attributions de police générale, l'amendement a été rejeté (V. *Compte rendu des séances*, etc., session 1884-1885, p. 764 et 765).

(3) La Section centrale avait inséré dans le projet, à la suite du paragraphe 1er, une disposition ainsi conçue:

« Lorsque les trois quarts des propriétaires d'une section, eu égard à la contenance de leurs propriétés non boisées, cèdent à la section, pour une période de neuf années, le droit de louer, au profit de la section, la chasse sur leurs propriétés rurales, l'adjudication communale comprendra le droit de chasse sur toutes les propriétés privées non boisées. »

Ce paragraphe fut repoussé en première lecture. Un amendement présenté

La location devra être faite par adjudication publique et pour une période de neuf années consécutives au moins.

Art. 40. — Sont abrogés : la loi des 22, 23, 28 et 30 avril 1790, le décret du 11 juillet 1810, en tant qu'il se rapporte aux permis de port d'armes de chasse, le décret du 4 mai 1812, la loi du 7 juillet 1845 et la loi du 21 février 1855 (1).

Sont et demeurent également abrogés les autres lois, arrêtés, décrets et ordonnances intervenus sur les matières réglées par la présente loi, en tout ce qui est contraire à ses dispositions.

L'article 9 de l'arrêté du 10 mars 1846 (2) est modifié en ce sens,

tardivement par MM. Dutreux et consorts, et reproduisant le texte de ce paragraphe sauf les mots : « non boisées », ne put être pris en considération. Repris par le Conseil d'État, il fut soumis, lors de la seconde lecture, à la Chambre, qui le rejeta. Le principe de l'amodiation obligatoire des terres fut, par suite, définitivement écarté, même sous la forme atténuée qu'avait préconisée la Section centrale.

(1) Cette loi frappait d'un droit de 5 francs les permis de chasse de cinq jours délivrés aux étrangers (V. ci-dessus, note 4, page 11).

(2) Cet arrêté est relatif à la destruction des nids d'oiseaux et des animaux malfaisants, à la chasse aux petits oiseaux et aux oiseaux de passage. Il résulte des dispositions de l'article 40, § 3, qu'il demeure en vigueur. Voici le texte de cet arrêté :

Art. 1er. — L'enlèvement ou la destruction des nids d'oiseaux, autres qu'oiseaux de proie, est prohibé.

Toutefois, il est loisible aux propriétaires, possesseurs ou locataires, de détruire ou d'enlever des nids d'oiseaux attenants aux bâtiments qu'ils occupent ou dans les propriétés closes, comme il est prévu à l'article 2 de la loi sur la chasse (art. 10 de la loi de 1885).

Art. 2. — Il est interdit de transporter dans les campagnes, dans les chemins, rues ou places publiques, des nids d'oiseaux, des œufs ou des petits oiseaux, dont l'enlèvement et la destruction sont défendus.

Il est également défendu de les offrir ou exposer en vente.

Art. 3. — La chasse aux grives et aux petits oiseaux, à l'aide de sauterelles, gluaux et lacets de crin, ces derniers élevés au moins à un mètre du sol, est permise à partir de l'époque annuelle de l'ouverture de la chasse, jusqu'au 1er décembre.

L'emploi de tous autres engins est prohibé.

Art. 4. — La chasse aux petits oiseaux au fusil n'est permise que pendant le temps de l'ouverture de la chasse ordinaire.

Art. 5. — La chasse aux alouettes peut avoir lieu dans les champs avec miroir et à l'aide de filets de jour et de pantières, depuis l'ouverture annuelle de la chasse jusqu'au 1er décembre.

Art. 6. — La chasse aux bécasses, pluviers, vanneaux et pigeons sauvage n'est permise qu'au fusil, soit pendant le temps où la chasse est ouverte, soit pendant le terme que nous fixerons, chaque année, après la clôture de la chasse.

La chasse aux bécasses, dite à passe, ne sera pas considérée comme chasse pendant la nuit.

Art. 7. — Les animaux malfaisants, qu'en conformité de l'article 9 de la susdite loi (art. 13 de la loi nouvelle), les propriétaires, possesseurs ou fermiers peuvent détruire, en tout temps, sur leurs terres, sont : le sanglier, le loup, le

que les contrevenants aux dispositions dudit arrêté encourront les peines comminées par la présente loi.

renard, le blaireau, le putois, le chat sauvage, la fouine, la martre, l'hermine, l'écureuil, la belette, la loutre, le héron et les oiseaux de proie de toute espèce.

La destruction de ces animaux peut avoir lieu soit en enfumant les terriers, soit à l'aide de grippe-loups et de traquenards.

Les pièges dangereux devront être détendus pendant le jour.

Quant aux autres moyens de destruction, ils ne pourront être employés en temps prohibé, qu'autant qu'ils auront été autorisés par nous, et sous les conditions qui seront déterminées par l'arrêté de concession.

Art. 8. — Aux termes de l'article 31 de la loi sur la chasse (art. 35 de la lo nouvelle), le père, la mère, le tuteur, les maîtres et commettants, sont civilement responsables des contraventions commises par leurs enfants mineurs non mariés, pupilles, demeurant avec eux, serviteurs ou autres subordonnés, sauf tout recours de droit.

Art. 9. — Les contrevenants aux dispositions du présent arrêté encourront les peines comminées par la loi du 7 juillet 1845 (paragraphe modifié par l'article 40 de la loi du 19 mai 1885).

Les contraventions seront constatées par les officiers de police judiciaire, gardes champêtres et forestiers, et autres agents de la force publique, désignés à l'article 25 de ladite loi (art. 29 de la loi nouvelle), de la manière déterminée aux articles 26 et 27 (art. 28 et 31 de la loi nouvelle).

Les procès-verbaux seront remis à l'officier du ministère public compétent.

TABLE DES MATIÈRES

PARIS, IMP. DE LA SOC. ANON. DE PUBL. PÉRIOD. 13, QUAI VOLTAIRE. — 76672

PARIS. — IMP. P. MOUILLOT, 13, QUAI VOLTAIRE. — 76072.

www.ingramcontent.com/pod-product-compliance
Lightning Source LLC
LaVergne TN
LVHW012105030726
842523LV00002B/741